Les avent
d'Albert et Folio
Chez le vétérinaire

Didier Eberlé
André Treper

hachette
FRANÇAIS LANGUE ÉTRANGÈRE
www.hachettefle.fr

Dans la même collection :

Une nouvelle famille, Didier Eberlé • André Treper, niveau A1
Halte aux voleurs !, Didier Eberlé • André Treper, niveau A1

Couverture et maquette intérieure : Anne-Danielle Naname

Mise en pages : Anne-Danielle Naname – Juliette Lancien

Illustrations : Didier Eberlé – **Mise en couleur** : Benjamin Strickler

Enregistrements : Studio Quali'sons, David Hassici

Achevé d'imprimer par Cayfosa - Impresia Ibérica
Dépôt légal : juin 2013 - Collection n°47 - Édition 01
15/5971/5

ISBN : 978-2-01-155971-5
© Hachette Livre 2013, 43, quai de Grenelle,
75905 PARIS CEDEX 15 www.hachettefle.fr

Le matin, Folio fait souvent des bêtises.
Elle amuse ses maîtres, Jules et Alice.
— J'adore sauter partout dans la chambre !

Le matin, Albert court dans tous les sens.
Il attend Jules pour aller faire pipi au parc.
— J'adore courir dans l'herbe avec Jules !

Folio garde l'appartement. Elle ne sort pas car
elle doit tout surveiller. Mais il y a un problème…
Folio est inquiète :
— Elle est bizarre, cette grosse boîte !

Folio n'a pas beaucoup de mémoire, mais elle sent une odeur qu'elle connaît dans la boîte :
— Mais c'est mon odeur ! J'ai déjà vu cette boîte... mais quand ?

Tout à coup, Jules attrape Folio et la met dans
la boîte.
— MIAOU ! MIAOU ! MIAOU ! Mais qu'est-ce qu'il
fait ? Au secours !

Albert est content.

— Aujourd'hui, c'est super, Folio et Alice sortent avec nous.

Dans la boîte, Folio est en colère. Elle ne veut pas aller dehors :

— Il y a beaucoup de bruit dans la rue et je dois garder l'appartement.

VLAN ! VLAN ! VLAN ! La boîte bouge dans tous les sens. Folio se cogne la tête et elle a mal au cœur.
— Mais où vont-ils ? Je veux sortir !!!

Albert est heureux de marcher dans la rue
avec Folio, Jules et Alice.
— Dans la rue, il y a plein de bonnes odeurs. Mais
c'est étrange. Aujourd'hui, on ne va pas au parc.

Folio n'est pas contente d'être dans la rue
avec Albert, Jules et Alice.
— Ça sent mauvais et les grosses voitures sont
dangereuses.

Les pompiers passent dans la rue à toute vitesse.
Et Folio n'a jamais vu de camion de pompiers :
— Il fait mal aux oreilles ce gros camion rouge !

Albert aime sentir le pipi de chien sur les arbres.
Folio est choquée.
— Il est dégoûtant ! Il met son gros nez dans le pipi !

Jules et Alice s'arrêtent devant une porte.
Albert est surpris :
— C'est bizarre, ici. Ça sent le chat et le chien.
Mais il y a aussi des odeurs que je ne connais pas…

Folio et Albert sont terrorisés.
— MIAOU, MIAOU, je veux rentrer à la maison !
— WAF, WAF, au secours ! C'est un monstre,
il va nous attaquer...

Albert est impressionné par le gros chien
et le perroquet lui fait un peu peur aussi.
— C'est dangereux ici. Je vais me cacher sous
une chaise.

Dans sa boîte, Folio est en sécurité.
— Personne ne peut m'embêter. Et en plus,
je peux observer tranquillement tous les animaux.

Folio est surprise :
— Il est bizarre ce chat. Il ressemble à quelqu'un que je connais, mais qui ?

Albert est surpris :
— Il est bizarre ce chien. Il a de grandes pattes mais il n'a pas l'air méchant.

Le perroquet a de très jolies couleurs.
Et il parle beaucoup avec son bec pointu :
— Je m'appelle Rrringo et je suis rrrigolo.
Albert veut lui dire bonjour mais Ringo a très peur…

— Au secours ! Au secours ! Il est fou ce chien !
Albert est tout surpris :
— WAF, WAF, mais qu'est-ce qui se passe ?
Il est fou cet oiseau !
Pauvre Albert ! Difficile pour un chien de devenir
ami avec un perroquet…

Le vétérinaire ouvre la porte de la salle d'attente.
C'est un très grand bonhomme.
— Bonjour, c'est au tour d'Albert et Folio !
Albert n'a pas envie d'entrer :
— Mais qui est-ce ? Il me fait peur ce géant.

Folio sort de sa boîte et saute partout.
— Enfin libre !
Le vétérinaire dit en souriant :
— Vos animaux ont l'air en pleine forme !

Alice répond en souriant aussi :
— Oh oui, ils sont en forme ! Ils font beaucoup
de bêtises. Nous venons pour leurs vaccins.

Le vétérinaire s'approche doucement de Folio.
— Viens me faire un câlin… Tu es une gentille
princesse.
Folio aime la douce voix du vétérinaire et elle adore
les câlins.

Folio est bien sur les genoux du vétérinaire.
Elle le trouve gentil. Mais Albert a très peur pour
sa grande copine :
— Au secours ! Attention Folio, il va te faire
très mal !

D'un bond, Albert saute sur les genoux
du vétérinaire.
— Attention, j'ai raté le vaccin !
Folio a eu très peur mais le vétérinaire la caresse
doucement pour la rassurer.

Jules tient Albert en laisse. Le chien ferme
les yeux quand le vétérinaire fait la piqûre à Folio.

Quand Albert rouvre les yeux, il est impressionné :
— Folio n'a pas eu mal du tout. Elle est vraiment
très courageuse !

Albert veut être courageux comme Folio.
Quand le vétérinaire fait la piqûre, Albert ferme
les yeux et pense à autre chose : son activité
préférée, MANGER ! Quand il rouvre les yeux,
c'est fini !
— Les vaccins, ça fait pas mal du tout et c'est bon
pour notre santé.

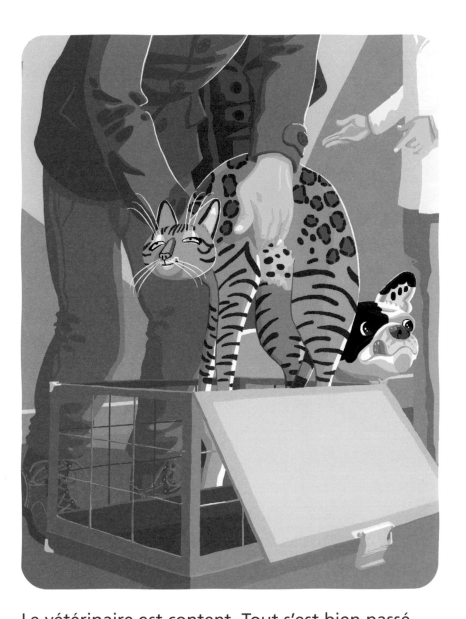

Le vétérinaire est content. Tout s'est bien passé.
— Le vaccin donne envie de dormir, c'est normal.
Demain, ils seront en pleine forme.
Pour l'instant, Albert a surtout très faim.

Avant de partir, Folio regarde l'autre chat.
— Tu as l'air si gentil, j'espère te revoir un jour…
Avant de partir, Albert veut sentir le nez du grand chien.
— Tu as l'air gentil, j'espère te revoir un jour…
Mais Alice tire sur la laisse pour partir.

Albert est content de sa sortie mais il a un peu sommeil.

— J'ai vu plein de choses et ça change du parc.

Folio a envie de rentrer à la maison, elle a très sommeil.

— J'ai vu plein de choses mais il faut surveiller l'appartement !

Albert et Folio sont heureux. Folio rêve de Ringo
le perroquet :
— C'est super d'avoir des ailes. On peut s'envoler
très haut pour faire des bêtises.
Albert rêve du grand chien :
— C'est super d'avoir des grandes pattes. On peut
monter sur la table pour attraper à manger.